ESSAI DE PHILOSOPHIE MORALE.

Risum reputavi errorem, & gaudio dixi: Quid frustra deciperis?

Ecclesiast. Cap. II.

À BERLIN.

M. DCC. XLIX.

TABLE
DES CHAPITRES.

Fin de la Table.

ESSAI

ESSAI DE PHILOSOPHIE MORALE.

CHAPITRE PREMIER.

Ce que c'est que le bonheur & le malheur.

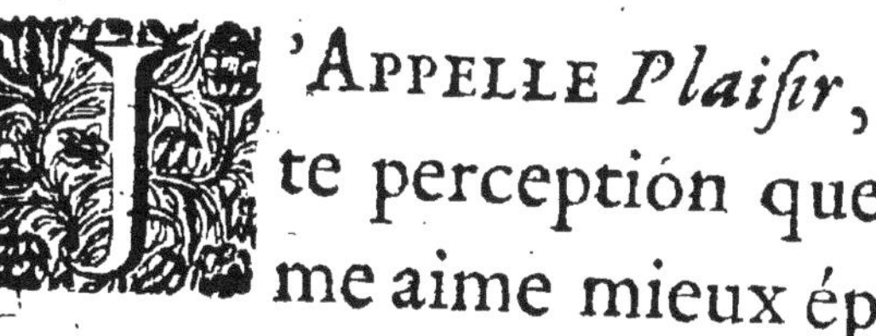

J'APPELLE *Plaisir*, toute perception que l'ame aime mieux éprouver que ne pas éprouver.

J'appelle *Peine*, toute perception que l'ame aime mieux

ne pas éprouver qu'éprouver.

Toute perception dans laquelle l'ame voudroit ſe fixer, dont elle ne ſouhaite pas l'abſence, pendant laquelle elle ne voudroit ni paſſer à une autre perception, ni dormir ; toute perception telle, eſt un *Plaiſir*. Le tems que dure cette perception, eſt ce que j'appelle *moment heureux*.

Toute perception que l'ame voudroit éviter, dont elle ſouhaite l'abſence, pendant laquelle elle voudroit paſſer à une autre, ou dormir, toute perception telle, eſt une *Peine*. Le tems que dure cette perception eſt ce que j'appelle *moment malheureux.*

Je ne ſçai s'il y a des perceptions indifférentes, des perceptions dont la préſence ou l'abſence ſoient parfaitement égales. Mais s'il y en a, il eſt évident qu'elles ne peuvent rien faire, ni pour le bonheur, ni pour le malheur.

Dans chaque moment heureux ou malheureux, ce n'eſt pas aſſez de conſidérer la *durée*; il faut avoir égard à la grandeur du plaiſir, ou de la peine; j'appelle cette grandeur *intenſité*. L'intenſité peut être ſi grande, que quoique la durée fût fort courte, le moment heureux ou malheureux équivaudroit à un autre dont la durée ſeroit fort longue, & dont l'intenſité ſeroit moindre. De même la durée peut être ſi longue, que quoique l'intenſité fût fort petite, le moment heureux ou malheureux équivaudroit à un autre, dont l'intenſité ſeroit plus grande, & dont la durée ſeroit moindre.

Pour avoir l'eſtimation des momens heureux ou malheureux, il faut donc avoir égard non ſeulement à la durée, mais encore à l'intenſité du plaiſir ou de la peine. Une intenſité double, & une durée ſimple, peuvent faire un moment égal à celui dont l'intenſité ſeroit ſimple, & la durée double. En général, *l'eſtimation des momens heureux ou malheureux, eſt le produit de l'intenſité du plaiſir ou de la peine, par la durée.* On peut aiſément comparer les durées; nous avons des inſtrumens qui les meſurent indépendamment des illuſions que nous pouvons nous faire. Il n'en eſt pas ainſi des intenſités; on ne peut pas dire ſi l'intenſité d'un plaiſir ou d'une peine eſt préciſément double ou triple de l'intenſité d'un autre plaiſir ou d'une autre peine.

Mais quoique nous n'ayons point d'exemple de meſure exacte pour les intenſités, nous ſentons bien que les unes ſont plus grandes que les autres, & nous ne laiſſons pas que de les comparer. Chaque homme par un jugement naturel fait entrer l'intenſité & la durée dans l'eſtimation confuſe qu'il fait des momens heureux ou malheureux ; tantôt il préfére un petit plaiſir qui dure long-tems, au plus grand qui paſſe plus vîte ; tantôt un plaiſir très-grand & trés-court, à un plus petit & plus long. Il en eſt ainſi de la peine, quoique fort grande; elle peut être si courte, qu'on la souffrira plus volontiers qu'une plus petite & plus longue. Et elle peut être si petite, que quoiqu'elle durât fort longtems, on la préféreroit à une très-courte qui seroit trop grande. Chacun fait cette comparaison comme il peut, & quoique les calculs soient différens, il n'en est pas moins vrai que la juste estimation des momens heureux ou malheureux est, comme nous l'avons dit, le produit de l'intensité du plaisir ou de la peine par la durée.

Le *Bien* est une somme de

momens heureux évalués par la durée & l'intenſité de ces momens.

Le *Mal* eſt une ſomme ſemblable de momens malheureux. Il eſt évident que ces ſommes, pour être égales, ne rempliront pas des intervalles de tems égaux : dans celle où il y aura plus d'intenſité, il y aura moins de durée ; dans celle où la durée ſera plus longue, l'intenſité ſera moindre. Ces ſommes ſont les élémens du bonheur & du malheur.

Le *Bonheur* eſt la ſomme des biens qui reſtent après qu'on en a retranché tous les maux.

9

Le *Malheur* eſt la ſomme des maux qui reſtent aprés qu'on en a retranché tous les biens.

On voit par-là que le bonheur & le malheur dépendent de la compaſſation des biens & des maux. L'homme le plus heureux n'eſt pas toujours celui qui a eu la plus grande ſomme de biens. Les maux dans le cours de ſa vie ont diminué ſon bonheur, & leur ſomme peut avoir été ſi grande, qu'elle a plus diminué ſon bonheur, que la ſomme des biens ne l'augmentoit. L'homme le plus heureux eſt celui à qui, après la déduction faite de la ſomme des maux, il eſt reſté la plus grande ſomme de biens; ſi la ſomme de biens & la ſomme des maux ſont égales, on ne peut appeller l'homme heureux ni malheureux. Le néant vaut ſon être. Si la ſomme des maux ſurpaſſe la ſomme des biens, l'homme eſt malheureux, plus ou moins, ſelon que cette ſomme ſurpaſſe plus ou moins l'autre. Son être ne vaut pas le néant. Enfin ce n'eſt qu'après le dernier calcul, qu'après la déduction faite des biens & des maux qu'on peut juger du bonheur ou du malheur.

Les biens & les maux étant

les élémens du bonheur ou du malheur, tout notre ſoin devroit être employé à les bien connoître, & à tâcher de les comparer les uns aux autres, afin de préférer toujours le plus grand bien, & d'éviter le plus grand mal; mais il ſe rencontre bien des difficultés dans cette comparaiſon, & chacun la fait différemment.

L'un, pour paſſer quelques nuits agréables, ſe met mal à ſon aiſe pour toute ſa vie. L'autre, ſe refuſe les plaiſirs les plus vifs pour voir croître un tréſor dont il ne jouira jamais. Celui-ci languit dans les longues douleurs de la pierre ; celui-là souffre la plus cruelle opération ; chacun fait son calcul.

Et quoique les biens & les maux paroissent d'espéces fort différentes, on ne laisse pas que de comparer les uns avec les autres, ceux qui semblent les plus hétérogênes : c'est ainsi que Scipion préféra une action généreuse à la volupté.

Ce qui ajoute une nouvelle difficulté à la comparaison des biens & des maux, c'est le différent éloignement d'où l'on les envisage. S'il faut comparer un bien éloigné avec un bien préſent, ou un mal préſent avec un mal éloigné, rarement fera-t-on bien cette comparaiſon. Cependant l'irrégularité des diſtances ne devroit cauſer de difficultés que dans la pratique; car l'avenir qui, vraiſemblablement eſt à notre portée par l'état préſent de notre âge & de notre ſanté, devroit être enviſagé à-peu-près comme le préſent.

Il y a encore une autre comparaiſon plus difficile, & qui n'eſt pas moins néceſſaire. C'eſt celle du bien d'avec le mal. J'entens ici l'eſtimation du mal qu'il faudroit raiſonnablement ſouffrir pour équivaloir à tel ou tel bien. Quoiqu'on ne puiſſe guéres faire cette comparaiſon avec juſteſſe, il y a une infinité de cas où l'on ſent qu'il eſt avantageux de ſouffrir un mal pour jouir d'un bien, ou de s'abſtenir d'un bien pour éviter un mal. Si les biens & les maux ſont vûs dans différens éloignemens, la comparaiſon devient encore plus difficile. C'eſt dans toutes ces comparaiſons que conſiſte la *Prudence*. C'eſt par la difficulté de les bien faire qu'il y a ſi peu de gens prudens; & c'eſt des différentes manieres dont ces calculs ſe font, que réſulte la variété infinie de la conduite des hommes.

CHAPITRE II.

Que dans la vie ordinaire la somme des maux surpasse celle des biens.

NOus avons défini le plaisir toute perception que l'ame aime mieux éprouver que ne pas éprouver ; toute perception dans laquelle elle voudroit se fixer, pendant laquelle elle ne souhaite ni le passage à une autre perception, ni le sommeil. Nous avons défini la peine, toute perception que l'ame aimeroit mieux ne pas éprouver qu'éprouver ; toute perception qu'elle voudroit éviter, pendant laquelle elle ſouhaite le paſſage à une autre perception, ou le ſommeil.

Si on examine la vie d'après ces idées, on ſera ſurpris, on ſera effrayé de voir combien on la trouvera remplie de peines, & combien on y trouvera peu de plaiſirs. En effet, combien ſont rares ces perfections dont l'ame aime la préſence! La vie eſt-elle autre choſe qu'un ſouhait continuel de changer de perceptions? elle ſe paſſe dans les déſirs; & tout l'intervalle qui en ſépare l'accompliſſement, nous le voudrions anéantir; ſouvent nous voudrions des ſemaines,

nes, des mois, des années entieres ſupprimées ; nous n'acquérons aucun bien qu'en le payant de notre vie.

Si Dieu accompliſſoit nos deſirs, qu'il ſupprimât pour nous tout le tems que nous voudrions ſupprimer, le vieillard ſeroit bien ſurpris de voir le peu qu'il auroit vécu ; peut-être toute la durée de la plus longue vie ſeroit réduite à quelques heures.

Or tout le tems ſupprimé, tout le tems dont on auroit demandé la ſuppreſſion, pour paſſer à l'accompliſſement de ſes deſirs, c'eſt-à-dire, pour passer de perception à d'autre, tout ce tems n'est composé que de momens malheureux.

Il y a, je crois, peu d'hommes qui ne conviennent que leur vie a été beaucoup plus remplie de ces momens que de momens heureux, quand ils ne considéreroient dans ces momens que la durée; mais s'ils y font entrer l'intensité, la somme des maux en sera encore de beaucoup augmentée, & la proposition sera encore plus vraie, *que dans la vie la somme des maux surpasse la somme des biens.*

Tous les divertissemens des

hommes prouvent le malheur de leur condition ; ce n'eſt que pour éviter des perceptions fâcheuſes que celui-ci joue aux échecs, que cet autre court à la chaſſe ; tous cherchent dans des occupations ſérieuſes ou frivoles l'oublie d'eux-mêmes. Ces diſtractions ne ſuffiſent pas ; ils ont recours à d'autre reſſource, les uns par des liqueurs ſpiritueuſes excitent dans leur ame un tumulte, pendant lequel elle perd l'idée qui la tourmentoit ; les autres, par la fumée des feuilles d'une plante, cherchent un étourdiſſement à leur ennui ; les autres charment leurs peines par un ſuc qui les met dans une eſpéce d'extaſe. Dans l'Europe, l'Aſie, l'Afrique & l'Amérique, tous les hommes d'ailleurs ſi divers dans leur uſage, ont cherché des remédes au mal de vivre.

Eſt-ce donc là le ſort de la nature humaine ? Eſt-elle irrévocablement condamnée à un deſtin ſi rigoureux ? ou a-t-elle des moyens pour changer cette proportion entre les biens & les maux ? N'eſt-ce point le peu d'uſage, ou le mauvais uſage que l'homme fait de ſa raiſon, qui rend cette proportion ſi funeſte ? Une vie plus heureuſe, ne ſeroit-elle point le prix de ſes réflexions & de ſes efforts ?

CHAPITRE III.

Réflexions ſur la nature des Plaiſirs & des Peines.

LEs Philoſophes de tous les tems ont connu l'importance de la recherche du bonheur, & en ont fait leur principale étude ; s'ils n'ont pas trouvé la vraie route qui y conduit, ils ont marché par des ſentiers qui en approchent, en comparant ce qu'ils ont découvert dans toutes les autres ſciences, avec les excellens préceptes qu'ils nous ont laiſſés pour nous rendre heureux. On s'étonnera de voir combien leurs progrès ont été plus grands dans cette ſcience que dans toutes les autres.

Je n'entrerai point dans le détail des opinions de tous ces grands hommes ſur le bonheur, ni des différences qui ont pû ſe trouver dans les ſentimens de ceux qui, en général, étoient de la même ſecte. Cette diſcuſſion ne ſeroit qu'une eſpéce d'hiſtoire longue, difficile, peut-être peu poſſible, & ſûrement inutile.

Les uns regardant le corps comme le ſeul inſtrument de notre bonheur & de notre malheur, ne connurent de plaiſirs que ceux qui dépendoient des impreſſions que les objets extérieurs font ſur nos ſens; ne connurent de peines que celles qui dépendoient d'impreſſions ſemblables.

Les autres donnant trop à l'ame, n'admirent que les plaiſirs & les peines qu'elle trouve en elle-même.

Opinions outrées, & également éloignées du vrai. Les impreſſions des objets ſur nos corps, ſont des ſources de plaiſirs & de peines ; les opérations de notre ame en ſont d'autres, & tous ces plaiſirs & toutes ces peines, quoiqu'entrées par différentes portes, ont cela de commun, qu'elles ne ſont que des perceptions de l'ame, dans leſquelles l'ame ſe plaît ou ſe déplaît, qui font des momens heureux ou malheureux.

Ne craignons donc point de comparer les plaiſirs des ſens avec les plaiſirs les plus intellectuels ; ne nous faiſons pas illuſion de croire qu'il y ait des plaiſirs d'une nature moins noble les uns que les autres. Les plaiſirs les plus nobles ſont ceux

ceux qui ſont les plus grands.

Quelques Philoſophes allerent ſi loin, qu'ils regarderent le corps comme un être tout-à-fait étranger à nous, & prétendirent qu'on pouvoit parvenir à ne pas même ſentir les accidens auſquels il eſt ſujet.

Le voluptueux ne ſe tromperoit pas moins, s'il croyoit que les impreſſions des objets exterieurs ſur le corps, puſſent tellement occuper l'ame qu'elles la rendiſſent inſenſible à ces réflexions.

Tous les plaiſirs & toutes les peines appartiennent donc à l'ame; quelle que fût l'impreſſion que fît un objet extérieur ſur nos ſens, jamais ce ne ſeroit qu'un mouvement phyſique, jamais un plaiſir ni une peine, ſi cette impreſſion ne ſe faiſoit ſentir à l'ame. Tous les plaiſirs & toutes les peines ne ſont que ſes perceptions; la ſeule différence conſiſte en ce que les unes ſont excitées par l'entremiſe des objets extérieurs; les autres paroiſſent puiſées dans l'ame même. Cependant pour éviter la longueur, & pour m'exprimer de la maniere la plus uſitée, j'appellerai les unes *plaiſirs & peines de corps*; les autres *plaiſirs & peines de l'ame.*

Je ne nierai point que les plaiſirs & les peines du corps ne ſoient de vrais plaiſirs & de vraies peines, ne faſſent des biens & des maux. Quelque peu de rapport qu'on voye entre les perceptions de l'ame & les mouvemens qui les font naître, on ne ſçauroit en méconnoître la réalité: & le Philoſophe qui diſoit que la goutte n'étoit pas un mal, diſoit une ſottiſe, ou vouloit ſeulement dire qu'elle ne rendoit pas l'ame vicieuſe, & alors diſoit une choſe bien triviale.

Les plaiſirs & les peines du corps ſont donc, ſans contredit, des ſommes de momens heureux & de momens malheureux, des biens & des maux. Les plaiſirs & les peines de l'ame font d'autres ſommes pareilles : il ne faut négliger ni les unes ni les autres ; il faut les calculer & en tenir compte.

En examinant la nature des plaiſirs & des peines du corps, nous commencerons par une remarque bien affligeante: c'eſt que le plaiſir diminue par la durée, & que la peine augmente. La continuité des impreſſions qui cauſent les plaiſirs du corps, en affoiblit l'intenſité ; l'intenſité des peines eſt augmentée par la continuité des impreſſions qui les cauſent.

1. Qu'on parcoure les plus grands plaiſirs que les objets extérieurs puiſſent nous procurer ; on verra que, où la ſenſation qu'ils excitent eſt de nature à ceſſer fort promptement, ou que ſi elle dure, elle s'affoiblit, devient bientôt inſipide, & même incommode, ſi elle dure trop long-tems. Au contraire la douleur que cauſent les objets extérieurs, peut durer autant que la vie ; & plus elle dure, plus elle devient inſupportable. Si l'on doute de

ceci, qu'on essaye de prolonger l'impression de quelque objet des plus agréables, on verra ce que le plaisir devient; que l'action du fer ou du feu sur notre corps dure un peu, qu'on y tienne seulement des cantharides trop long-tems appliquées, & l'on verra à quel point peut s'accroître la douleur.

2. Il n'y a que quelques parties du corps qui puissent nous procurer des plaisirs; to tes nous font éprouver la douleur. Le bout du doigt, une dent, nous peuvent mille fois plus tourmenter, que l'organe des

plus grands plaiſirs ne peut nous rendre heureux.

3. Enfin il y a une autre conſidération à faire. Le trop long ou trop fréquent uſage des objets qui cauſent les plaiſirs du corps, conduit à des infirmités ; & l'on n'en devient auſſi que plus infirme par l'application continuée ou répétée trop ſouvent des objets qui cauſent la douleur. Il n'y a ici aucune eſpéce de compenſation. La meſure des plaiſirs que notre corps nous peut faire goûter, eſt fixée & bien petite ; ſi l'on y verſe trop, on en eſt puni : la meſure des peines eſt ſans

bornes, & les plaiſirs mêmes contribuent à la remplir.

Si l'on diſoit que la douleur a ſes bornes; que comme le plaiſir, elle émouſſe le ſentiment, ou même le détruit tout-à-fait : cela n'a lieu que pour une douleur extrême, une douleur qui n'eſt point dans l'état ordinaire de l'homme, & à laquelle aucune eſpéce de plaiſir ne ſe peut comparer.

Par tout ce que nous venons de dire, on peut juger de la nature des plaiſirs & des peines du corps, & de ce qu'on peut en attendre pour notre bonheur. Examinons maintenant la nature des plaiſirs, & des peines de l'ame.

Avant que d'entrer dans cet examen, il faut définir exactement ces plaiſirs, & ces peines, & ne les pas confondre avec d'autres affections de l'ame, qui n'ont que le corps pour objet. Je m'explique. Je ne compte pas parmi les plaiſirs de l'ame, le plaiſir qu'un homme trouve à penſer qu'il augmente ſes richeſſes; ou celui qu'il reſſent à voir ſon pouvoir s'accroître : ſi, comme il n'eſt que trop ordinaire, il ne rapporte ſes richeſſes & ſon pouvoir qu'aux plaiſirs du corps, que ces moyens peuvent lui procurer. Les plaisirs de l'avare & de l'ambitieux ne sont alors que des plaisirs du corps, vûs dans l'éloignement. De même nous ne prendrons pas pour des peines de l'ame, les peines d'un homme qui perd ses richesses, ou son pouvoir, si ce qui les lui fait regretter n'est que la vûe des plaisirs du corps qu'ils lui pouvoient procurer, ou la vûe des peines du corps ausquelles cette perte l'expose.

Après cette définition, il me semble que tous les plaisirs de l'ame se réduisent à deux genres de perception ; l'un qu'on éprouve par la pratique de la *juſtice*, l'autre par la vûe de la *vérité*. Les peines de l'ame ſe réduiſent à manquer ces deux objets.

Je n'entreprens point de donner ici une définition abſolue de la juſtice, & n'ai pas beſoin de le faire. J'entens ſeulement juſqu'ici par *pratique de la juſtice*, l'accompliſſement de ce qu'on croit ſon devoir, quel qu'il ſoit.

Il n'eſt pas non plus néceſſaire de définir ici exactement la vérité. J'entens par *vûe de la vérité*, cette perception qu'on éprouve, lorsqu'on est satisfait de l'évidence avec laquelle on voit les choses.

Or ces deux genres de plaisir me paroissent d'une nature bien opposée à celle des plaisirs du corps. 1. Loin du passer rapidement, ou de s'affoiblir par la jouissance, les plaisirs de l'ame sont durables; la durée & la répitition les augmentent. 2. L'ame les ressent dans toute son étendue. 3. La jouissance de ces plaisirs, au lieu d'affoiblir l'ame, la fortifie.

Quant aux peines qu'on éprouve, lorsqu'on n'a pas suivi la justice, ou lorsqu'on n'a pû découvrir la vérité, elles différent encore extrêmement des peines du corps. Il eſt vrai que l'idée qu'on a manqué à ſon devoir, eſt une peine très-douloureuſe ; mais il dépend toujours de nous de l'éviter : elle eſt elle-même ſon préſervatif ; plus elle eſt ſenſible, plus elle nous éloigne du péril de la reſſentir. Pour la peine qu'on éprouve dans la recherche d'une verité qu'on ne ſçauroit découvrir, l'homme ſage ne s'attachera qu'à celles qui lui ſont utiles, & il découvrira celles-là facilement.

CHAPITRE IV.

Des moyens pour rendre notre condition meilleure.

C'EST par ces considérations, & non en niant, comme quelques Sophistes, la réalité des plaisirs & des peines du corps, que nous devons nous conduire. Laissons notre ame ouverte à quelques perceptions agréables, qu'un usage sobre & circonspect des objets extérieurs y peut faire naître : mais ne laissons pas entrer cette foule d'ennemis, qui menacent ſa ruine. Ne diſons pas que la volupté n'eſt pas un bien ; mais ſouvenons-nous toujours des maux qu'elle traîne après elle.

Etant ainſi expoſés, par rapport à notre corps, à beaucoup plus de peines que de plaiſirs ; à des peines que la durée augmente, à des plaiſirs qu'elle diminue : s'il nous étoit poſſible de nous ſouſtraire entierement aux impreſſions des objets extérieurs, de renoncer totalement aux plaiſirs des ſens, pour être affranchis de leurs peines : ce ſeroit aſſurément le meilleur parti. Il y a beaucoup plus à perdre qu'à gagner, en y ref-tant exposé. Mais comment éviter l'effet de ces impressions ? Nos corps sont partie du monde physique. Toute la nature agit sur eux par des loix invariables ; & par d'autres loix que nous sommes également obligés de subir, ces impressions portent à l'ame les perceptions de plaisir & de peine.

Nous sentons pourtant qu'il nous reste une ame, pour parer les coups des objets extérieurs, ou pour en amortir l'effet : c'est la liberté, cette force si peu compréhensible, mais

mais si incontestable ; contre laquelle le Sophiste peut disputer, mais que l'honnête-homme reconnoît toujours dans son cœur ; avec laquelle il peut lutter contre toute la nature ; & s'il ne peut pas tout-à-fait vaincre, il ne peut pas aussi être totalement vaincu. Arme fatale que l'homme tourne si souvent contre lui-même !

Elle ne borne pas son usage à nous défendre des peines du corps, & à nous en dispenser avec économie les plaisirs : elle l'étend, & encore avec plus d'empire, sur les plaisirs & les peines de l'ame, & peut encore mieux nous faire goûter les uns, & éviter les autres.

Tel est l'état dans lequel l'homme se trouve, sa vie n'est qu'une suite de perceptions agréables & fâcheuses; mais dans laquelle les perceptions fâcheuses l'emportent de beaucoup sur les perceptions agréables. Le bonheur & le malheur de chacun dépendent des sommes de bien & de mal que ces perceptions font dans sa vie.

Cela posé, il n'y a que deux moyens pour rendre notre condition meilleure. L'un consiste à augmenter la ſomme des biens, l'autre à diminuer la ſomme des maux. C'eſt à ce calcul que la vie du ſage doit être employée.

Les Philoſophes de l'Antiquité, qui avoient ſenti la vérité de ceci, ſe partagerent en deux claſſes. Les uns crurent que pour rendre notre condition meilleure, il ne falloit qu'accumuler le plus de plaiſirs qu'il étoit poſſible ; les autres ne chercherent qu'à diminuer les peines.

C'eſt-là, ce me ſemble, ce qui diſtingua eſſentiellement les les deux fameuſes Sectes des

Epicuriens & des Stoïciens. Car ce n'eſt pas en avoir pénétré l'eſprit, que de ne pas avoir apperçu le différent moyen que chacune ſe propoſoit, & de faire conſiſter leur différence dans la recherche des plaiſirs plus groſſiers ou plus purs. Je l'ai déja dit ; tant qu'on ne conſidere que l'état préſent, tous les plaiſirs ſont du même genre ; celui qui naît de l'action la plus brutale, ne céde point à celui qu'on trouve dans la pratique la plus épurée de la vertu. Les peines ne ſont pas non plus d'un genre différent : celles qu'on reſſent par l'application du fer & du feu, peuvent être comparées à celles qu'éprouve une conſcience criminelle. Toutes les peines, tous les plaiſirs ne ſont que des perceptions de l'ame, dont il faut ſeulement bien calculer la durée & l'intenſité.

Ce qui caractériſe donc les deux Sectes, c'eſt que l'une & l'autre reconnoiſſant, que le plus grand bonheur eſt celui où la ſomme des biens, après la déduction de la ſomme des maux, demeuroit la plus grande. Dans les moyens que ces Sectes propoſoient pour rendre notre condition meilleure, celle des Epicuriens avoit en vûe l'augmentation de la ſomme des biens ; & celle des Stoïciens, la diminution de la ſomme des maux.

Si nous avions autant de biens à eſpérer que de maux à craindre, l'une & l'autre Secte ſeroient également fondées. Mais ſi l'on fait attention à ce que nous avons remarqué dans les Chapitres précédens ſur les plaiſirs & les peines, on verra combien il eſt plus raiſonnable de chercher à rendre notre condition meilleure par la diminution de la ſomme des maux, que par l'augmentation de la ſomme des biens.

Je ne m'arrêterai donc point à la Secte d'Epicure : j'examinerai ſeulement celle des Stoïciens, qui me paroiſſent ceux qui ont raiſonné le plus juſte.

CHAPITRE V.

Du Syſtème des Stoïciens.

JE ne remonterai point juſqu'à Zenon ; ce que nous ſçavons de lui eſt trop peu de choſe, pour pouvoir bien juger de ce qu'il enſeignoit, & de ce qu'il penſoit. Ce n'eſt dans l'origine d'aucune Secte qu'on en trouve les dogmes les plus raisonnables, ni les mieux digérés. Ce qui nous touche le plus, c'est la doctrine des Stoïciens, telle qu'elle fut, après que les tems, & les réflexions des grands hommes qui la professerent, l'eurent conduite à sa maturité.

Le Recueil le plus ample que nous ayons des Dogmes de cette Secte, est celui que *Séneque* nous a laissé. Tous les Ouvrages de ce Philosophe sous des titres différens & multipliés, n'en sont que l'exposition. *Epictete* les produisit avec moins d'art & plus

plus de force. Nous avons le ſyſtême de ce grand homme dans deux Ouvrages différens: l'un contient des diſcours ſimples, diffus, & négligés, tels qu'*Arrien* les recueillit ſortans de ſa bouche. L'autre eſt ſon *Enchiridion*, ſerré & dogmatique, dans lequel, malgré ſa brieveté, on trouve le ſyſtême le plus complet de morale, & toute la ſcience du bonheur. A ces Ouvrages admirables, on en doit ajouter un plus admirable encore. Ce ſont les *Réflexions de l'Empereur Marc Aurelle, adreſſées à lui-même*; mais dignes de ſervir de leçons à tout l'Univers. Il n'a ni le brillant du Précepteur de Néron, ni la ſéchereſſe de l'Eſclave d'Epaphrodite. Son ſtile porte partout le caractere de l'élévation de ſon ame, de la pureté de ſon cœur, & de la grandeur des choſes qu'il dit. Il remercie les Dieux de lui avoir refuſé les talens de la Poëſie & de l'éloquence, & ne s'apperçoit pas qu'il les a. Il poſſede toutes les connoiſſances de ſon tems, & ne fait cas que de celles qui enſeignent à regler le cœur : toutes les autres, il les mépriſe également. Il traite de véritable ſottiſe la recherche de la structure & des mouvemens de l'Univers ; sa seule étude est celle de l'homme. Ces divines leçons, il les pratiqua toute sa vie ; en se rendant heureux, il eut sur les deux autres Philosophes, l'avantage d'avoir fait le bonheur d'un Empire qui faisoit la plus grande partie du monde.

Un Courtisan dont la vie a été remplie de vicissitudes, qui s'est trouvé tantôt favori d'un Tyran, tantôt l'objet de sa fureur, élevé au comble des honneurs, puis abaissé dans les plus profondes disgraces ; un tel jouet de la fortune doit avoir ſenti le beſoin de la Philoſophie Stoïcienne. Un Eſclave accablé du poids de ſa chaîne, aſſujetti aux caprices d'un maître cruel, n'avoit d'autres reſſources que cette Philoſophie, qui promet un bonheur qui ne dépend que de nous.

Mais un Empereur qui n'éprouva jamais aucun revers, qui fut conſtamment comblé des faveurs de la fortune, n'eut pas les mêmes motifs. Il ſemble qu'il ne dût chercher qu'à étendre la puiſſance de celle qui lui prodiguoit tous les biens qu'elle peut donner. Il vit que tous ces biens n'étoient que des illusions.

Séneque & Epictete semblent n'être parvenus à la Philosophie, que par besoin & par art. La nature forma Antonin Philosophe, & éleva son cœur à une perfection, à laquelle ses lumieres ne pouvoient le conduire. La Philosophie Stoïcienne, n'avoit point la vertu pour but, ce n'étoit que le bonheur présent; &, si l'on s'y trompoit, c'est que les routes qui conduisent à l'un & à l'autre, sont jusqu'à un certain point les mêmes.

Les préservatifs & les remédes, que le Stoïcien recommande contre les maux de cette vie, font de se rendre maître de ses jugemens & de ses opinions; d'anéantir l'effet de tous les objets extérieurs; enfin, de se donner la mort, si l'on ne peut trouver la tranquillité qu'à ce prix.

En lisant les Ecrits de ces Philosophes, on seroit tenté de croire que ce qu'ils proposent est impossible. Cette empire sur les jugemens de notre ame; cette insensibilité aux peines du corps; cet équilibre entre la vie & la mort, ne paroissent que de belles chiméres. Cependant si nous examinons la maniere dont ils ont vécu, nous croirons qu'ils y étoient parvenus, ou qu'ils n'en étoient point éloignés. Et si nous réfléchissons sur la nature de l'homme, nous le croirons capable de tout, pourvû qu'on lui propose d'assez grands motifs; capable de braver la douleur; capable de braver la mort, & nous en trouvons de toutes parts des exemples.

Si vous allez dans le Nord de l'Amérique, vous trouverez des Peuples sauvages, qui vous feront voir que les Scévolas, les Curcius, & les Socrates n'étoient que des femmes auprès d'eux. Dans les tourmens les plus cruels, vous les verrez inébranlables ; chanter & mourir. D'autres que nous ne regardons presque pas comme des hommes, & que nous traitons comme les chevaux & les bœufs, dès que l'ennui de la vie les prend, la sçavent terminer. Un Vaisseau qui revient de Guinée est rempli de Catons, qui aiment mieux mourir, que de survivre à leur liberté. Un grand Peuple, bien éloigné de la Barbarie, quoique fort contraire à nos usages, ne fait pas plus de cas de la vie : le moindre affront, le plus petit chagrin eſt pour un Japonois une raiſon pour mourir. Sur les bords du Gange la jeune Indienne ſe jette au milieu des flammes, pour éviter le reproche d'avoir ſurvécu à un mari qu'elle n'aimoit pas.

Voilà des Nations entieres parvenues à tout ce que les Stoïciens preſcrivoient de plus terrible ; voilà ce que peuvent l'opinion & la coutume ; ne doutons pas que le raiſonnement n'ait autant de force ; ne diſtingnons pas même du raiſonnement la coutume &

l'opinion; ce sont de raisonnemens, sans doute, seulement moins aprofondis. Le Negre & le Philosophe n'ont qu'un même objet *de rendre leur condition meilleure*. L'un chargé de fers, pour se délivrer des maux qu'il souffre, ne voit que de terminer sa vie. L'autre dans des Palais dorés sent qu'il est réellement sous la puissance d'une maîtresse capricieuse & cruelle, qui lui prépare mille maux : le premier reméde qu'il essaye, c'est l'insensibilité; le dernier c'est la mort.

Ceux qui ont écrit sur cette matiere, prétendent qu'une tel-

ressource, loin d'être une ...ion généreuse, n'est qu'une ...mable lâcheté. Mais il me ...mble que ce n'est pas distin...er assez les différentes posi...ons où se trouve l'homme qui ...donne la mort. Si l'on part ...une Religion qui promette ...es récompenses éternelles à ...lui qui souffre patiemment; ...menace de châtimens éter...ls celui qui meurt pour ne ...s souffrir; ce n'est plus ...un homme courageux, ni ...n lâche qui se tue, c'est un in...nsé, ou plutôt la chose est im...ossible. Mais nous ne considé...ons ici l'homme que dans l'état naturel, ſans crainte & ſans eſpérance d'un autre vie, uniquement occupé à rendre ſa condition meilleure.

Or dans cette poſition il eſt évident qu'il n'y a ni gloire, ni raiſon à demeurer en proye à des maux auxquels on peut ſe ſouſtraire par une douleur d'un moment. Dès que la ſomme des maux ſurpaſſe la ſomme des biens, le néant eſt préférable à l'être ; & les Stoïciens raiſonnent juſte, lorſqu'ils regardent la mort comme un reméde utile & permis. Quelques-uns ont été juſqu'à la conſeiller aſſez légérement : &

Marc Aurelle, cette ame ſi douce & ſi belle, penſoit ainſi: *Sors de la vie*, dit-il, *ſi elle te devient à charge; mais ſors-en ſans plainte & ſans murmure, comme d'une chambre qui fume.* (*)

Séneque parle avec bien plus de force du droit que chaque homme a de ſe donner la mort, dès qu'il trouve ſa vie malheureuſe : il s'étonne que quelques Philoſophes ayent pû penſer différemment. Quelle magnifique deſcription nous fait-t'il de la mort de Caton ? (**)

(*) Marc-Aurelle. L. V. §. XXX.
(**) *Senec. de Provid. Cap. II.*

Quelles louanges ne donne-t'il pas à ce jeune Lacédémonien, qui aima mieux se casser la tête, que de faire le service des Esclaves? (*) A cet Allemand destiné au combat des Bêtes, qui avala l'éponge qui servoit à nettoyer les ordures? (**) Mais rien ne fait mieux connoître le peu de cas que les Stoïciens faisoient de la vie, que l'histoire qu'il ajoute: Marcellinus ennuyé d'une longue maladie, hésitoit à se donner la mort, & cherchoit qui l'encourageât. *Tu fais bien des con-*

(*) *Senec. Epist. LXXVII.*
(**) *Idem Epist. LXX.*

ations pour peu de chose, lui un Philosophe de cette Sec-e, qu'il avoit envoyé cher-er; *la vie n'est rien, tu la par-ges avec les Esclaves & les imaux; mais la mort peut t'ê-e belle; & il n'est pas nécessai-e pour sçavoir mourir d'être fort ge ni fort malheureux, il suf-d'être ennuyé.* Marcellinus ersuadé accomplit son des-in par une mort que Séne-ue appelle *délicieuse*. (*)

On ne peut pas douter que e question du droit que l'homme a sur sa vie, ne dé-ende des idées qu'il a d'une

(*) *Senec. Epist.* LXXVII.

divinité qui le permet ou qui le défend ; de la mortalité, ou de l'immortalité de l'ame. Il est donc certain que la Religion des Stoïciens les laissoit libres à cet égard.

Il nous seroit difficile de déterminer quelles étoient précisément leurs idées sur la Divinité. L'un définissoit Dieu un Etre animé, heureux, éternel, bienfaisant ; l'autre faisoit naître & mourir certains Dieux, & accordoit l'immortalité à d'autres : Zenon ne reconnut d'autre Dieu que l'Univers.

Si ces Philosophes paroissent avoir eu quelquefois des idées plus

plus élevées de la Divinité, ils n'en eurent guéres de plus distinctes.

Croire des Dieux, & croire une Providence, n'étoit pas chez les anciens Philosophes une même chose; n'ayant pas poussé assez loin leurs méditations sur la nature de la Divinité, ils ne voyoient en Dieu la nécessité ni d'être unique, ni éternel; ni la cause libre & prévoyante de tout ce qui arrive dans l'Univers. Les Dieux, selon plusieurs, n'étoient que des Etres sans intelligence, sans action, inutiles pour le gouvernement du monde.

Si quelquefois les Stoïciens parlent d'une Providence, & de l'empire des Dieux, leurs discours sont plutôt des déclamations que des discours dogmatiques.

Ils ne furent ni plus d'accord, ni plus éclairés sur la nature de notre ame; la plûpart la prirent pour une matiére subtile, ou un écoulement de la Divinité. Les uns la regarderent comme se dissipant à la mort; les autres comme se réunissant à la source dont elle étoit sortie. Mais y portoit-t'elle, y conservoit-elle le souvenir de son état précé-

Tout ce qui nous reste de ces Philosophes, est rempli sur cette matière, non-seulement d'obscurités, mais même de contradictions.

Ce qui paroît certain, & c'est ce qui est bien étrange, c'est que les Stoïciens regardoient ces questions comme indifférentes pour la conduite des moeurs.

On voit dans plusieurs endroits des Ouvrages de ces grands Maîtres de morale, qu'ils laissent ces choses dans un doute dont il ne paroît pas qu'ils se mettent en peine de sortir : cependant avec aussi peu de ſyſtême ſur les Dieux, la Providence & l'immortalité de l'ame, les Stoïciens ſemblent être parvenus là où nous ne parvenons que par la connoiſſance d'un Dieu, qui punit & récompenſe une ame immortelle, dans l'eſpérance d'un bonheur éternel, ou dans la crainte d'être éternellement malheureux.

C'eſt un miſtere difficile à comprendre, ſi l'on n'a pas conſidéré les choſes comme nous l'avons fait ; & un illuſtre Auteur, à qui nous devons l'excellente critique de la Philoſophie, pour n'avoir pas fait ces réflexions, me ſemble avoir avec un peu de précipitation, accusé les Stoïciens d'inconséquence, on de mauvaise foi. (*)

Le seul amour du bonheur suffisoit pour conduire le Stoïcien au retranchement de tout; persuadé que dans cette vie les maux surpassent toujours les biens. Il trouvoit de l'avantage à se priver des plaisirs, pour s'épargner les peines, & à détruire toute sensibilité : si la nature ne permettoit pas qu'il fût heureux, son art le rendoit impossible.

(*) Hist. Crit. de la Phil. T. II. Chap. 28.

CHAPITRE VI.

Des Moyens que le Chriſtianiſme propoſe pour être heureux.

VOILA juſqu'où la raiſon ſeule peut atteindre : Voyons maintenant ſi la raiſon éclairée d'une nouvelle lumiere, peut aller plus loin : ſi elle peut nous enſeigner des moyens plus ſûrs pour parvenir au bonheur ; ou du moins pour rendre notre condition meilleure.

Je n'examine ici la Religion que par rapport à cet objet ; je ne releve point ce qu'elle a de divin, ni ne m'arrête aux difficultés que peuvent faire à notre esprit ses mysteres. Je ne considere que les régles de conduite qu'elle prescrit, & les suites nécessaires de ces regles, par rapport au bonheur de la vie présente. On prit le Christianisme naissant, pour une nouvelle Secte de Philosophie; ne l'envisageons pas autrement: comparons la morale de l'Evangile à celle des Stoïciens.

Quelques Auteurs, par un zèle peu judicieux, ont voulu trouver dans la morale de ces Philosophes, la morale du

Christianisme. On est surpris de voir combien le sçavant d'Acier, s'est donné de peine pour cela, & qu'il n'ait point senti la différence extrême qui se trouve entre ces deux Philosophies, quoique la pratique en paroisse du premier coup d'œil la même. Aveugle à ce point, il n'a cherché qu'à donner un sens chrétien à tout ce qu'il a traduit. Il n'est pas le premier qui soit tombé dans cette erreur : nous avons une vieille Paraphrase d'Epictete, attribuée à un Moine Grec, dans laquelle on trouve Epictete & l'Evangile

vangile également défigurés.

Un Jésuite bien plus homme d'esprit, (*) a mieux senti la différence des deux Philosophies, quoiqu'il ait encore fait un parallele qui semble les rapprocher. Le rapport qui se trouve entre les mœurs extérieures du Stoïcien & du Chrétien, a pû faire prendre le change à ceux qui n'ont pas considéré les choses avec assez d'attention, ou avec la justesse nécessaire: mais au fonds il n'y a rien qui admette si peu de conciliation. Cela n'a pas besoin d'autre preuve que l'ex-

(*) Le P. Mourges.

position du Systême Stoïcien que nous venons de faire, & l'exposition du Systême Chrétien. La somme du premier se réduit à ceci : *Cherche ton bonheur à quelque prix que ce soit.* La morale du Chrétien se réduit à ces deux préceptes : *Aime Dieu de tout ton cœur : aime les autres hommes comme toi-même.*

Pour bien comprendre le sens de ces paroles, il faut sçavoir ce que le Systême Chrétien nous enseigne, par rapport à Dieu, & par rapport à l'homme.

Dieu est l'ordre éternel, le

Créateur de l'Univers, l'Etre tout puissant, tout sage & tout bon. L'homme est son ouvrage, composé d'un corps qui doit périr, & d'une ame qui durera éternellement.

Ces deux idées établies suffisent pour faire connoître la justice, & la nécessité de la morale chrétienne.

Aimer Dieu de tout son cœur, c'est être entierement soumis à l'ordre; n'avoir point d'autre volonté que celle de Dieu, & ne se regarder que par rapport à ce qu'on est à son égard.

Aimer les autres hommes com-

me soi-mème, n'est que la suite du premier précepte; celui qui aime Dieu parfaitement; doit aimer l'homme, qui est son ouvrage: n'aimant rien que par rapport à Dieu, il ne doit se donner aucune préférence.

Il n'est pas difficile de voir que l'accomplissement de ces préceptes, est la source du plus grand bonheur qu'on puisse trouver dans cette vie. Cet abandon universel de soi-même procurera non-seulement la tranquillité, mais l'amour y répandra une douceur, que le Stoïcien ne connoît point.

Celui-ci, toujours occupé de lui-même, ne pense qu'à se mettre à l'abri des maux : celui-là n'a plus de maux à craindre.

Tout ce qui peut nous arriver de fâcheux dans l'état naturel, vient ou de cause purement physique, ou de la part des autres hommes ; & quoiqu'on puisse réduire ces deux genres d'accidens à un seul principe, le Stoïcien & le Chrétien les ont envisagés sous des aspects différens, dans la pratique de leur morale, & ont cherché différentes raisons pour les supporter.

Le Stoïcien prend les accidens phisyques pour des arrêts du Destin, auxquels il doit se soumettre, parce qu'il seroit inutile d'y résister. Dans le mal que lui font les hommes, il n'est frappé que du défaut de leur jugement : il les regarde comme des brutes, & ne veut pas que de tels hommes puissent l'offenser.

Un Destin inflexible, des hommes insensés, voilà tout ce qu'il voit : c'est dans ces circonstances qu'il doit régler sa conduite. Mais son état peut-il être tranquille ? les maux en sont-ils moins cruels, parce qu'ils ſont ſans remède ? Les coups en ſont-ils moins ſenſibles, parce qu'ils partent d'une main qu'on mépriſe.

Le Chrétien enviſage les choſes bien différemment. Le Deſtin eſt une chimère : un Etre infiniment bon regle tout, & a tout ordonné pour ſon plus grand bien. Quelque choſe qu'il lui arrive, il ne ſe ſoumet point, parce qu'il ſeroit inutile de réſiſter : il ſe ſoumet, parce qu'il applaudit aux décrets de la Providence, parce qu'il en connoît la juſtice & la bonté. Il ne mépriſe point les hommes, pour s'empêcher de les haïr ; il les respecte comme l'ouvrage de Dieu, & les aime comme ses freres. Il les aime lorsqu'ils l'offensent, parce que tout le mal qu'ils peuvent lui faire, n'est rien en comparaison des raisons qu'il a pour les aimer.

Autant que les motifs du Stoïcien répandent de tristesse sur sa vie ; autant ceux du Chrétien remplissent la sienne de douceur. Il aime, il adore, il bénit sans cesse.

Jupiter & Destin, faites-moi faire ce que vous avez ordonné : car si j'y voulois manquer, je deviendrois criminel, & il le fau-

droit bien faire pourtant. (*)

Il ſuffit de comparer cette priere avec celle du Chrétien, pour connoître la différence qui eſt entre ces deux Philoſophies.

Quant aux biens que le Stoïciſme, & le Chriſtianiſme promettent, comment pourroit-on les comparer? L'un borne tous ſes avantages à la vie préſente; l'autre, outre ces mêmes avantages, qu'il procure bien plus ſûrement, en fait eſpérer d'autres, devant leſquels ceux-ci ne ſont rien. Le Stoïcien & le Chrétien doi-

(*) Epict. Man. §. L.

vent être toujours prêts à quitter la vie ; mais le premier la quitte pour retomber dans le néant, ou pour se perdre dans l'abîme des Etres. Le second pour commencer une nouvelle vie éternellement heureuse. Tous les biens que promet la Philosophie Stoïcienne se réduisent à un peu de repos, pendant une vie très-courte : mais un tel repos vaut-il ce qu'il en coûte pour y parvenir ? Oui, dans la supposition d'une destruction totale, ou d'un avenir tel que l'avenir des Stoïciens, celui qui d'un seul coup s'affranchit de tous les maux de la vie, eſt plus ſage que celui qui ſe conſume en efforts, pour parvenir à ne rien ſentir.

Après avoir examiné les principes du Stoïcien, & ceux du Chrétien, en tant qu'ils ſe rapportent immédiatement au bonheur de celui qui les ſuit, conſidérons-les maintenant ſous un autre aſpect, par rapport au bonheur de la ſociété en général.

Si l'on n'avoit pas ſenti toute la différence qui eſt entre les deux morales; ſi l'on avoit pû les confondre, en les conſidérant dans chaque individu, c'eſt ici qu'elles laiſſent voir la diſtance immenſe qui eſt entre elles.

Quand le Stoïcien ſeroit parvenu à être heureux, ou impaſſible, on peut dire qu'il n'auroit acquis ſon bonheur ou ſon repos qu'aux dépens des autres hommes, ou du moins en leur refuſant tous ſes ſecours.

Peu t'importe, dit le grand Docteur de cette Secte, *que ton Valet ſoit vicieux, pourvû que tu conſerve ta tranquillité.* (*)

Quelle différence entre cette diſpoſition de cœur, & les

(*) *Epict. Man. chap. XI.*

ſentimens d'humanité & de tendreſſe que le Chrétien a pour tous les hommes : occupé ſans ceſſe du ſoin de leur être utile, il ne craint ni fatigues, ni périls ; il traverſe les mers, il s'expoſe aux plus cruels ſupplices, pour rendre heureux des hommes qu'il n'a jamais vûs.

Qu'on ſe repréſente deux Iſles, l'une remplie de parfaits Stoïciens, l'autre de parfaits Chrétiens. Dans l'une chaque Philoſophe ignorant les douceurs de la confiance & de l'amitié, ne penſe qu'à ſe ſéqueſtrer des autres hommes : il a calculé ce qu'il en pouvoit attendre; les avantages qu'ils pouvoient lui procurer, & les torts qu'ils pouvoient lui faire, & a rompu tout commerce avec eux. Nouveau Diogénes, il fait consister sa perfection à occuper un tonneau plus étroit que celui de son voisin.

Mais quelle harmonie vous trouverez dans l'autre Isle! Des besoins qu'une vaine Philosophie ne sçauroit dissimuler, toujours secourus par la justice & la charité, ont lié tous ces hommes les uns aux autres. Chacun heureux du bonheur d'autrui, se trouve heureux encore des secours qu'il prête aux malheureux.

CHAPITRE VII.

Réflexions sur la Religion.

NOus n'avons considéré jusqu'ici le Christianisme que comme un système de Philosophie. Il est certain qu'il contient les vraies regles du bonheur ; & s'il n'y avoit que la morale de l'Evangile à établir, il n'y a aucun homme raisonnable qui refusât de s'y soumettre. Il n'est pas nécessaire de regarder le Christianisme comme divin pour le suivre, quant aux regles pratiques qu'il enſeigne, il ſuffit de vouloir être heureux, & de raiſonner juſte.

Mais le Chriſtianiſme n'eſt pas ſeulement un ſyſtême de Philoſophie, c'eſt une Religion; & cette Religion qui nous preſcrit des regles de conduite, dont notre eſprit découvre ſi facilement l'excellence, nous propoſe des Dogmes de ſpéculation auſquels il ne ſçauroit atteindre.

C'eſt ſous ce nouvel aſpect que nous allons conſidérer le Chriſtianiſme. Nous venons de voir l'avantage qu'on trouve à pratiquer ſes préceptes; voyons les

les raiſons qui peuvent nous porter à recevoir ſes Dogmes.

Ces Dogmes, ſi on les enviſage ſéparés & indépendans du ſyſtême entier de la Religion, ne ſçauroient que révolter notre eſprit. Ce ſont des propoſitions éloignées de toutes nos connoiſſances, des myſtéres incompréhenſibles pour nous. Nous ne ſçaurions donc les admettre que comme révélés par des hommes que la Divinité même inſpiroit. En les conſidérant de la ſorte on trouve bien des difficultés. Toutes les Religions ont leurs Dogmes; & toutes donnent ces Dogmes pour des vérités révélées.

Pour établir les preuves de la révélation, on cite les miracles : toutes les Religions encore citent les leurs.

Ce ſont-là les points principaux ſur leſquels les incrédules fondent leurs objections : & ce n'eſt pas une petite entrepriſe que de leur faire voir la différence qui ſe trouve entre la révélation des Chrétiens & celle des autres Peuples.

Un avantage qu'a la Religion Chrétienne, & dont aucune autre ne ſe peut vanter, c'eſt d'avoir été annoncée un grand nombre de ſiécles avant qu'on la vît éclore, dans une Religion qui conſerve encore ces témoignages, quoiqu'elle ſoit devenue ſa plus cruelle ennemie.

De grands hommes ſemblent avoir dit ſur cette matiere tout ce qu'on pouvoit dire de plus fort. M'en rapportant ſur cela à eux, je me propoſe ſeulement ici quelques conſidérations nouvelles.

Je reſpecte le zéle de ceux qui croyent pouvoir, par la ſeule force de leurs argumens, convaincre l'incrédule, & démontrer à la rigueur la vérité du Chriſtianiſme ; mais je ne ſçais ſi l'entrepriſe eſt poſſible.

Cette conviction étant le pas décisif vers le salut, il semble qu'il soit nécessaire que la grace & la volonté y ait part.

Cependant quoique la lumiere de notre raison ne puisse peut-être pas nous conduire à des démonstrations rigoureuses, il ne faut pas croire qu'il n'y ait que ce genre de preuves qui soit en droit d'assujettir nos esprits.

Si la Religion étoit rigoureusement *démontrable*, tout le monde seroit Chrétien, & ne pourroit pas ne le pas être. On acquiesceroit aux vérités du Christianisme, comme on acquiefce aux vérités de la Géométrie, qu'on reçoit, ou parce qu'on les voit dans leur évidence, ou dans le témoignage univerfel des Géometres. Il n'y a perfonne, parmi ceux mêmes qui ne font pas capables de fuivre les démonftrations, qui ait le moindre doute fur la vérité des propofitions d'Euclide : c'eft que le confentement de tous les hommes fur une chofe qu'ils ont examinée fait une probabilité infinie, que celui qui l'examinera la trouvera telle qu'ils l'ont trouvée ; & la probabilité infinie vaut une démonftration rigoureufe.

Je dis aussi, que si l'incrédule avoit des armes victorieuses contre les Dogmes du Christianisme ; si ces Dogmes étoient tels qu'on en pût démontrer l'impossibilité ; je dis que personne ne seroit Chrétien, ni ne pourroit l'être.

Ces deux propositions sont des suites nécessaires de l'empire de l'évidence qui captive entierement notre liberté.

Je n'examine point ici ce que disent quelques-uns : Qu'il y a des hommes qui, persuadés au fond du cœur de la vérité de la Religion, la démentent par leurs actions ; le cas est impossible.

En disant que l'impie ne sçauroit trouver de contradiction dans nos Dogmes, & que le Chrétien n'en sçauroit démontrer rigoureusement la vérité. A Dieu ne plaise qu'on croye que je regarde le problême comme égal pour l'un & pour l'autre. Si le dernier dégré d'évidence nous manque, nous avons des preuves assez fortes pour nous persuader.

La vérité de la Religion a sans doute le dégré de clarté qu'elle doit avoir pour laisser quelque usage à notre volonté. Si la raison la démontroit à la rigueur, nous serions invinciblement forcés à la croire ; & notre foi seroit purement passive.

Le grand argument des esprits forts contre nous, est fondé sur l'impossibilité de nos Dogmes ; & en effet si ces Dogmes étoient impossibles, la Religion qui ordonne de les croire seroit détruite. Quelques captieux qu'ayent été sur ce point les raisonnemens de Bayle, & de ses semblables, ceux qui liront la Théodicée de Leibnitz, verront combien tous ces raisonnemens sont frivoles.

Jamais on ne fera voir d'impossibilité dans les Dogmes que la la Religion Chrétienne enſeigne ; ils paroiſſent obſcurs, & ils doivent le paroître. Si Dieu a révélé aux hommes quelque choſe des grands ſecrets ſur leſquels il a formé ſon plan, ces ſecrets doivent être pour nous incompréhenſibles. Le degré de clarté dépend de la proportion entre les idées de celui qui parle, & les idées de celui qui écoute. Et quelle diſproportion, quelle incommenſurabilité ne ſe trouve-til point ici ?

Je dis plus : ſi quelqu'un des Ecrivains ſacrés eût été tellement inſpiré, qu'au lieu de nous donner quelques Dogmes détachés, il nous eût déduit ces Dogmes de leur dépendance avec le plan général de la Divinité, il n'y a nulle apparence que nous y eussions pû rien comprendre. Les principes dont il eût fallu partir, étoient trop élevés ; la chaîne des propositions étoit trop longue ; on ne peut guéres douter que des idées d'ordres tout-à-fait différens de celles que nous pouvons avoir, n'entrassent dans ce plan.

Pouvoit-on croire que le systême général que Dieu a suivi, dans lequel non seulement *le Physique*, *le Moral*, *le Méta-*

phyſique, ſont combinés ; mais dans lequel ſans doute entrent encore bien d'autres ordres, pour leſquels nous n'avons ni termes, ni idées ; pouvoit-t-on, dis-je, croire qu'un tel ſyſtême fût à la portée des hommes ? quand on voit ce qu'il leur en coûte pour connoître quelque petite partie du ſyſtême du monde phyſique ; combien peu d'eſprits ſont capables d'y parvenir, & combien il eſt douteux que les plus ſçavans y ſoient parvenus.

L'expoſition du plan général auroit donc été inutile aux hommes. Il étoit ſans doute néceſſaire qu'ils en connuſſent quelques points ; mais la vûe de leur connexion avec le tout, étoit impoſſible ; & il falloit que par quelque principe qui fût à leur portée, ils ſe ſoumiſſent à ce que leur eſprit ne pouvoit comprendre.

Qu'on ne croye pas que nos Dogmes ayent ici le moindre deſavantage, ni que d'autres Religions, ni d'autres Sectes de Philoſophie, donnent des réponſes plus ſatisfaiſantes ſur toutes les grandes queſtions qu'on peut leur faire. Il ſuffit pour connoître leur impuiſſance de jetter la vûe ſur les ſyſtêmes que les plus grands Philosophes de l'antiquité, ou que ceux de nos Peres qui se sont piqués de s'être le plus affranchis de préjugés, ont proposés.

Une Divinité répandue dans la matiere, un *Univers Dieu*; un même Etre dans lequel se trouvent toutes les perfections & tous les défauts, toutes les vertus & tous les vices; susceptible de mille modifications opposées, est-il plus facile à concevoir que le *Dieu du Chrétien*? Un Etre pensant qui se dissipe, ou s'anéantit à la mort, se conçoit-il mieux qu'un Etre ſimple qui ſubſiſte & conſerve ſa nature, malgré la ſéparation des parties du corps qu'il animoit ? Une ſuite ſans commencement d'hommes & d'animaux, ou une production d'êtres organiſés par la rencontre fortuite des atômes, eſt-elle plus croyable que l'hiſtoire de la Genèſe ? Je ne parle point des fables que les autres ont imaginées pour expliquer la formation de l'Univers. De tous côtés on ne trouvera qu'abſurdités ; & plus on y penſera, plus on ſera forcé d'avouer que Dieu, la nature & l'homme, ſont des objets qui paſſent toutes nos idées, & toutes les forces de notre esprit.

Ne pouvant admettre pour juge sur ces matieres une raison si peu capable de les comprendre, n'y a-t-il point quelqu'autre moyen par lequel nous puissions découvrir la vérité ?

Si l'on réfléchit attentivement sur ce que les plus grands Philosophes de tous les tems, & de toutes les Sectes, qui ont fait de la recherche du bonheur leur principale étude, ont manqué leur but, & que les vraies regles pour y parvenir nous ont été données par des hommes simples & sans science, on ne pourra s'empêcher d'être frappé d'étonnement, & de soupçonner du moins, qu'un plus grand Maître que tous ces Philosophes avoit révélé ces regles à ceux de qui nous les tenons : mais voici un argument qui me paroît plus direct & plus fort.

S'il y a un Dieu juste & bon, qui prenne soin des choses d'ici-bas ; s'il y a des vérités que tous les hommes doivent recevoir, & sur lesquelles la lumiere naturelle ne leur puisse rien apprendre, il faut qu'ils y puissent parvenir par quelqu'autre *principe commun à tous.*

Or ce principe, plus universel encore que la lumiere naturelle, c'est cette Loi qui, malgré la variété infinie, & l'inégalité extrême des esprits, est aussi claire & aussi présente aux plus stupides qu'aux plus éclairés; c'est le *desir d'être heureux*. C'est de ce principe que nous devons tirer les regles de conduite que nous devons tenir; & c'est par lui que nous devons connoître les vérités qu'il faut croire. Voici la connexion qui est entre ces différens objets.

Si je veux m'instruire sur la nature de Dieu, sur ma propre nature, sur l'origine du monde, ſur ſa fin, ma raiſon eſt confondue ; & toutes les Religions, toutes les Sectes, me laiſſent dans la même obſcurité. Dans cette égalité de ténébres, dans cette nuit profonde, ſi je rencontre le ſyſtême, qui eſt le ſeul qui puiſſe remplir le deſir que j'ai d'être heureux, ne dois-je pas à cela le reconnoître pour le véritable ? Ne dois-je pas croire que celui qui me conduit au bonheur, eſt celui qui ne ſçauroit me tromper ?

C'eſt une erreur, c'eſt un phanatiſme de croire que les moyens doivent être oppoſés ou différens, pour parvenir à un même but dans cette vie, & dans une autre vie qui la ſuivra; que pour être éternellement heureux il faille commencer par s'accabler de triſteſſe & d'amertume. C'eſt une impiété de penſer que la Divinité nous ait détourné du vrai bonheur, en nous offrant un bonheur qui lui étoit incompatible.

Tout ce qu'il faut faire dans cette vie pour y trouver le plus grand bonheur dont notre nature ſoit capable, eſt ſans doute cela même qui doit nous conduire au bonheur éternel.

FIN.

www.ingramcontent.com/pod-product-compliance
Ingram Content Group UK Ltd.
Pitfield, Milton Keynes, MK11 3LW, UK
UKHW020325250726
13967UKWH00004B/1856

9 782011 928658